Föregående uppslag:
När oljeväxterna blommar, lyser Skåne guldgult
så långt ögat når. En härligt mättad syn, fylld av
odlarförväntan.

Previous page:
When the oil-yielding plants are in bloom Scania
is golden yellow as far as the eye can see. A won-
derful sight and full of promise for the farmer.

Vorstehende Seite:
Wenn der Raps blüht leuchtet Schonen goldgelb –
so weit das Auge reicht. Ein herrlicher Anblick,
dem Bauern lacht das Herz.

BOBBY ANDSTRÖM
Sverige Sweden Schweden
PANORAMA

Legenda

Kulingen river upp
sjöar som sköljer
klipporna på Sveri-
ges västkust.

A fresh wind whips
up the sea and wa-
shes it over the
rocks of the west
coast.

Eine frische Brise
peitscht die Bran-
dung über die Klip-
pen der schwedi-
schen Westküste.

85 SVERIGE
LARS GUVÅ 1976 CZ. SLANIA sc.

SVERIGE 1¹⁵
B. PETTERSSON CZ. SLANIA sc.

SVERIGE 1³⁰
ARTUR LARSSON LINNÆA BOREALIS · LINNEA CZ. SLANIA sc.

1628 SVERIGE 55 WASA
CZ.SLANIA

1³⁰ SVERIGE
H. KINGSBURY LINNÉ I LAPPDRÄKT CZ. SLANIA sc.

65 SVERIGE
GÖRAN ALGÅRD VASALOPPET CZESLAW SLANIA SC

1³⁰ SVERIGE
VIKING OLSSON RECURVIROSTRA AVOSETTA · SKÄRFLÄCKA CZ. SLANIA sc.

Sverige

Man kan närma sig Sverige på många sätt. Den moderna reseindustrins flygande eller flytande mattor finns beredda över hela världen att föra hugade besökare till vårt land, beläget långt i norr.

En rad historiska omständigheter och en lika krånglig som svårtydbar mytbildning har placerat Sverige bland andra rangens länder vad gäller utpräglad turistexotism. Föga kan vi mäta oss med de stora kulturländerna, mindre förutseende förfäder kom sig inte för att bygga sådant som i dag skulle klassas som trestjärniga minnesmärken och ruiner.

Men denna brist skall inte avskräcka någon från att resa till Sverige. Det behövs bara lätta och flyktiga skrap på vår yta för att upptäcka att Sverige besitter en rad attraktioner av yppersta slag. Samtliga kanske inte håller champagnebubblande bournyr. Men jag kan försäkra att den som hängett sig åt det äkta svenska smörgåsbordet med mångdubbla assiettrader och begått den ritual som omger sagda bord, han eller hon glömmer det aldrig. Bara för att så här inledningsvis framhålla en av våra stora attraktioner.

Av tradition ägnar sig svensken och svenskan åt mycket avancerad naturdyrkan. I sin enklaste form innebär detta att vi året om sjunger om sommaren. De flesta svenska sånger och visor handlar om de dagar på året när lågtrycken gärna fördjupar sig över landet och ofta utfaller i kalla regn. Men jag skulle svika min plikt om jag inte påpekade att dessa regniga dagar sammanbinds av härligt soliga. Och när solen lyser över Sverige finns inget vackrare och härligare land på jorden.

Den ovan omtalade naturdyrkan förekommer också i mer avancerade former. Till dessa hör bad i naturen. Men det är både lögn och dikt att detta sker utan kläder. Svenska folket investerar varje år miljoner i vackra badkreationer och den som känner svenska folkets nyktra syn på pengar och

pengars värde vet att har man köpt en sak använder man den.

En ofta förbisedd tillgång i Sverige är ett stilla vemod som har få motsvarigheter i världen. Detta vemod kan bryta ut när och hur som helst och få de egendomligaste yttringar och konsekvenser.

Ofta kombineras detta vemod med olika naturfenomen, gärna förknippade med årets stora högtider. Likt världen i övrigt använder vi oss av traditionella helger som jul, påsk, pingst och några till. Utöver detta gör vi svenskar stort nummer av midsommaren (jämför Sheakespeares "En midsommarnattsdröm"). Denna helg markerar att sommaren verkligen anlänt, man skrudar sig i blomsterkransar och dansar natten lång kring lövade stänger. Det berömda smörgåsbordet dukas fram, sommarens första potatisskörd kokas, sill av alla de slag sköljs ner med stora klara brännvinssupar. Natten fylls av glada skratt.

Till denna helgs egendomligheter hör att natten aldrig blir mörk. Den berömda midnattssolen vandrar över himlavalvet, ingen behöver förfäras eller avbrytas av något så trivialt och trist som mörker.

Natten är ljus, man äter, dansar och sjunger. De flesta skulle kanske tro att livsglädjen då firar sina största triumfer. Men just här kommer vemodet in i bilden. Vari detta vemod består kan få om ens någon ge besked, det finns där lika påtagligt som den lövade stången och midsommarnattens ljuva musik och dimslöjorna som dansar över ängarna. Lika kyligt administrativa och propert affärsmässiga som vi framstår under ljusan dag, lika vemodiga är vi i den ljusa natten.

Men låt oss inte fördjupa oss i just dessa drag, svårförklarliga för en omvärld. Den som kommer till vårt land skall mötas av en öppen famn, varhelst han eller hon sätter sin fot. Från Skånes bördiga jordar till Lapplands blånande fjäll finns också ett gemyt och en vänlighet som värmer. Skaror av Sverigebesökare kan vittna om dessa öppna

famnar. Det finns fog att tala om gästfrihet, till och med i övermått.

Men här kan finnas anledning att påpeka att denna gästfrihet inte behöver vara mångordig eller bullrande, snarare är den tyst och försagd. För några årtionden sedan påstod ett internationellt nyhetsmagasin att den "svenska flickan kysser med öppen mun". Men påståendet får tillskrivas en besökande reporters ambition att avslöja den svenska flickan. Därmed naturligtvis inte dementerat att så inte skulle ske när hon verkligen kysser . . .

Och så har vi närmat oss ett känsligt kapitel. Svensk synd har länge blivit föremål för all världens uppmärksamhet. Allt eftersom världens ögonbryn höjts efter rapporter och filmer, har den svenska förvåningen stigit. För svensk synd är en av den internationella journalistikens värsta överdrifter. Sanningen är nämligen att så kallad synd egentligen inte har några traditioner i Sverige. Vi saknar den internationella världens frestelser, Las Vegas har ingen svensk filial, Paris galanterier finns i Paris.

Men världen är ändå full av människor som här har mött äkta och uppriktig värme. Den korta sommarens ljusa nätter har blivit vittnen till ömhet och kärlek av högsta karat. Och denna kärlek är inte bara reserverad för i landet mantalsskrivna. Vi kan bildligt och bokstavligt ta världen i famn.

En fråga som man ofta möter utomlands är när Sverige är som vackrast. Naturligtvis är den omöjlig att besvara. En flyktig stund i soluppgångens timme kan vara lika mållöst skön som en gnistrande stjärnbeströdd vinternatt. Vem blir inte stum inför stormens och vågornas dån på Sveriges vackra västkust. Eller islossningen en dag i mars eller april när skummande strömmar låter istäcket fara på en norrländsk älv.

Man kan exemplifiera i all oändlighet. Jag vågar i alla fall påstå att när man än kommer till Sverige finns det alltid något skönt att skåda, något vackert att ta till sitt hjärta. Kanske den grönska som vi bjuder på under tidig vår och sommar. Många som kommer till Sverige häpnar över den gröna palett som naturen har målat med.

Börjar man längst i söder i Skånes bokskogar finns en skirhet på våren som är nästan obeskrivbar, de späda bladen utvecklar en skönhet, fullt jämförbar med den första förälskelsen.

Flyger man sedan på snabba vingar upp genom landet möter man de stora tunga skogarnas gröna symfoni, en färgklang som måhända har gemenskap eller släktskap med det svenska kynnet. Att stilla vandra omkring i en äkta svensk urskog väcker sinnet – här finns något rent och unikt – det äkta Sverige.

Midsommarens örtagårdssäng och den doftande klövervallen som så ofta besjungits i våra visor har en annan grönska. Den är full av liv och vitalitet, bjuder på en mättad doftrik sensualitet, en dimension nära jorden. Det var i det svenska sommarlandet som vår store botanist Carl von Linné hämtade kunskap och inspiration till det fenomenala sexualsystem som än i dag vägleder all världens botanister.

Om vi med vingarnas hjälp fortsätter färden över landet når vi snart upp till Lapplands guld – de mossgröna myrarna beströdda med hjortronblom och bär. Och i fjällkanterna står björkskogen och prunkar grön i en annan valör. Här och var lyser en kvarglömd snödriva och minner om årstidernas växlingar – en vinter som svann, en sommar som kom.

I norr har Sverige Europas sista orörda vildmark, en natur som i storslagenhet saknar motsvarigheter. Orörda vattendrag med drickbart vatten, orörd flora och fauna långt från civilisationens miljögifter. Hit kommer varje år människor som söker naturens stillhet. Och de blir inte besvikna. Intrycken är nästan bedövande. Chanserna är mycket stora att fjällturisten får se skogarnas stora djur. Här strövar älgar och renar, rävar och harar, i bäckar och åar hoppar röding och öring.

Den som har turen att få se dessa vildmarkslandskap när höstvindarna börjar blåsa, tror knappast

sina ögon. Då har den gröna friska klorofyllen förvandlats till färger som skiftar från klaraste gult till intensivaste zinnober. Bilden skulle vara helt overklig om den inte gick att dokumentera i bild.

Men Sverige är inte bara slösande slätter, djupa skogar och orörda nationalparker med höga, snöklädda fjäll. Ett rutnät av vägar smyger sig genom landskapet och förbinder städer, samhällen och byar. Prydligheten brukar vara det första besökaren lägger märke till. Renligheten har alltid varit en dygd och man hoppas att även kommande generationer skall förstå vikten av en ren och fin miljö. Naturligtvis har även Sverige sina skönhetsfläckar och visst har många miljöer fått utstå svår nersmutsning och hård belastning. Men sinnena vaknar – en devis med uppmaningen Håll Sverige Rent har sakta ätit sig in i handlingsmönstret. Vem vill på en öde ö i en jungfrulig skärgård överraskas av stinkande skräp eller fågeldödande olja?

Den som första gången kommer till Sverige landar måhända på storflygplatsen Arlanda nära Stockholm eller vid färjehamnarna på syd- eller västkusten. Det är väl sörjt för välfärden, turistorganisationerna står beredda att informera om sevärdheterna. När man väl i Stockholm har bekantat sig med Kungliga Slottet, det folkliga utemuseet Skansen, det unika regalskeppet Wasa som bärgats från havets botten och fröjdat gommen vid världsberömda Operakällarens dignande smörgåsbord, kan det vara värt att bekanta sig med konst och kultur. Såväl Stockholm som Göteborg och Malmö samt städerna i provinsen har välfyllda och representativa museer som visar utvecklingen från en fattig jordbruksstat till ett rikt och välmående industriland med betydande export över hela världen.

För barn och barnbarn till de utvandrare som en gång lämnade Sverige finns rika möjligheter att studera denna märkliga folkvandring, väldokumenterad av författaren och epikern Vilhelm Moberg. I Växjö och Kalmar minner särskilda specialsamlingar om emigrationen under 1800-talet som fick stor betydelse för skapandet av

Amerikas Förenta Stater.

Men låt också scenkulturen få sitt. Stockholm har Kungliga Dramatiska Teatern som fått världsrykte för sina uppsättningar av Eugene O'Neills verk och en rad av Ingmar Bergmans uppsättningar. Kungliga Teatern, i vardagligt tal Operan, har sett många världsartister födas, bland dem Birgit Nilsson. Till kulturlivet i Sommar-Stockholm hör också uppsättningar på Drottningholmsteatern, världens nu enda autentiskt bevarade 1700-talsscen. En föreställning i denna gustavianska miljö med pager i peruker och bländande artisteri på scenen är ett minne för livet.

Kulturen är naturligtvis inte bara koncentrerad till huvudstaden och de övriga storstäderna. Färgstarka landskapet Dalarna bjuder varje säsong på folkliga lustspel och spelmansstämmor som söker sin like. Över dessa samlingar av tusentals spelglada män och kvinnor svävar ett ljud av svensk sommar med upplyftande harmonier. Där finns en klang som hämtat sin livskraft och styrka ur generationers traditioner och musikbehov. Den har formats i en urtid på enkla instrument, fördubblats, ökat och svällt till glädje för släkte efter släkte.

Och lyckligtvis lever den äkta folkmusiken kvar. I en tid av industrialiserad underhållning blomstrar kärleken till den musikfröjd som är så typisk för Sverige.

Även utan att närmare känna musikens uppbyggnad kan man gladeligen hänge sig åt de varma inbjudande tonerna och harmonierna och se ungdomar i färgglada bygdedräkter svänga om i dansen.

Folkmusiken står som en länk och ledare mellan dåtid och nutid. Sverige har i dag en plats i världen, kontakten med övriga länder är en nödvändighet för vårt fortsatta välstånd.

Men utan att lyssna på musiken som väller ur tusen fioler en ljus sommarnatt har man svårt att närma sig och förstå Sverige.

Ett litet land i norr, åtta miljoner människor. Men rikt, rikt både på minnen och förhoppningar. Kanske är det i spelmansmusikens symfoni man kan förnimma hoppet om en morgondag.

Sweden

Sweden can be approached in a number of ways. Modern flying or floating carpets the world over are standing by ready to carry prospective visitors to our country in the Far North.

A host of circumstances with their roots in the mists of history, plus a few myths with roots who knows where, have put Sweden firmly in the ranks of second-rate countries so far as tourist attractions are concerned. We can hardly compete with the major civilized countries; our less farsighted forebears didn't get down to building the kind of things which today would be classified as three-star monuments and relics.

But nobody should let this stop them from coming to Sweden. A few light scratches of the surface reveal that Sweden possesses many really excellent attractions, even though not all of them are readily apparent. But I swear that nobody who has let himself loose on a genuine Swedish smörgåsbord, groaning under endless dishes, and observed the ritual surrounding the offering is ever going to forget it. I merely mention one of our better-known attractions by way of introduction.

Swedes are by tradition great nature-worshippers. This, in its most basic form, leads us to sing the praises of summer the year round. Most Swedish songs and ballads have to do with those days when centres of low pressure delight in developing over Sweden and unburdening themselves of their cold rain. But I would be guilty of dereliction of duty if I didn't hurry to add that these wet days are linked together by the most delightful sunny days. And when the sun shines on Sweden there is no more beautiful and wonderful place in the world.

The love of nature I mentioned earlier on can also express itself in more sophisticated ways. Bathing in natural surroundings in one of them; but don't believe it if you hear that we do this in the nude. Swedes invest millions in the latest and most attractive swimwear to be had – and anybody who knows what a sober respect we have for the value of money knows that when we buy something we jolly well use it.

A frequently overlooked Swedish asset is our serene melancholy, which has few peers anywhere in the world. This melancholy can pop up at any time, express itself in any way and have the most bizarre consequences.

This melancholy is often combined with a variety of natural phenomena and preferably linked to the major annual festivals. In common with the world at large we take advantage of traditional holidays like Christmas, Easter, Whitsun and a few more. In addition to these we Swedes made a big thing of Midsummer (as in Shakespeare's "A Midsummer Night's Dream"). This festival marks the real arrival of summer, and prompts us to deck ourselves out in floral wreaths and dance round maypoles through the night. The famous smörgåsbord is spread, the first crop of new potatoes is boiled, and herring of every conceivable kind is washed down with liberal quantities of clear snaps. Gay laughter fills the night air.

One of the oddities surrounding this festival is that it never gets dark. The celebrated midnight sun moves slowly across the heavens and nobody bothers about dull trivialities like darkness.

The night is light and made for eating, dancing and singing. Most people might imagine that the joy of life had reached its zenith and was celebrating its greatest triumph. But not so. This is just where melancholy enters upon the scene. Nobody knows what this melancholy is all about; but there it is, as real as the maypole, the sweet sounds of Midsummer music and the wisps of mist dancing over the fields. Calmly administrative and strictly businesslike by day, melancholy in the light summer nights. That's us.

But let's not get too involved in these particular characteristics, which outsiders anyway find so difficult to understand. Travellers to our country must be welcomed with open arms, no matter where they first set foot. From the bountiful soil of Scania to the shimmering blue mountains of Lapland geniality and warm friendliness await. Endless visitors to Sweden can testify to the welcome they received. We might be excused if we spoke about our hospitality – perhaps even the excess of it.

But perhaps there is reason to point out that our hospitality is not necessarily loud or effusive; rather quiet and unobtrusive in fact. A few years ago an international magazine disclosed that "Swedish girls kiss with open mouths". But we must attribute this claim to the desire of a visiting journalist to expose the habits of Swedish girls. In saying this, however, I am naturally not denying the accuracy of his claim . . .

And now we are getting close to a sensitive subject. World attention has long been focussed on the question of Swedish sin. As the collective eyebrow of the world rises in step whith reports and films, so Swedish bewilderment increases, because our so-called sin is one of international journalism's worst exaggerations. The truth is that what is generally known as sin in fact has no traditions in Sweden. The temptations of the world's international playgrounds have no counterpart in Sweden; Las Vegas has no Swedish subsidiary, those who want the gallantries of Paris must go to Paris for them.

But the world is nevertheless full of people who have been met with genuine and spontaneous warmth in Sweden. The light nights of our brief summer have witnessed tenderness and love of the purest kind, a love, moreover, that is not reserved for residents. We can figuratively and literally take the world to our bosom.

People who have never visited Sweden ask when the country is at its most beautiful, and of course it is impossible to answer this question. A fleeting moment during the sunrise can be as indescribably beautiful as a scintillating, starlit winter night. Who doesn't stand silent before the storm and the roar of the waves as they beat against the beautiful Swedish west coast? Or when the ice breaks up in March or April and sends the floes crashing on their way down the mighty Norrland rivers?

But I could go on for ever. I daresay, however, that whenever you come to Sweden you will find something beautiful to admire and take to your heart. Perhaps the burgeoning greenery we can offer you in the early spring and summer. Many first-time visitors to Sweden are astonished by the green palette Nature has painted the landscape with.

If you should start in the beech woods in Scania to the south, spring has a translucency that almost defies description, quite on a par with one's first love affair.

Winging one's way northwards over the country one meets the extensive, gloomy dark green symphony of the forests, a shade of green which perhaps resembles or is related to the Swedish disposition. Wandering about in a peaceful Swedish virgin forest arouses the imagination – here is something pure and unique, the genuine Sweden.

The flowering midsummer meadows, the fragrant fields of clover so often celebrated in the ballads of spring, are of a different hue. They are bursting with life and vitality, they tempt the passer-by with their full and fragrant earthy sensuality. It was from the Swedish summer landscape that our celebrated botanist Carl von Linné drew wisdom and inspiration for the amazing sexual system he devised and which still guides botanists the world over.

If we continue our flight up country we soon see the Lapland gold – the moss-green mires strewn with blossoming cloudberry and other berries. Birch woods edge the mountains in a green of another shade. Lingering snowdrifts show through here and there and remind us of the changing seasons – a winter that slipped away, a summer that came.

Europe's last untouched wilderness is to be found in the north of Sweden, a landscape of unparalleled magnificence. Virgin waterways with drinkable water, untouched flora and fauna far from the toxins of civilisation. It is here that people come year after year to find and enjoy the peace and tranquility of Nature. They are never disappointed. The experience is almost stunning. The chances of mountain ramblers seeing big animals in their natural habitat are very good. It is here that elk and reindeer, fox and hare roam, while alpine char and trout jump in the brooks and rivers.

Those who are fortunate enough to see this wilderness landscape when the autumn winds gather hardly believe their eyes. By then the fresh green chlorophyll has been transmuted to the brightest cinnabar. If it were not possible to prove it by taking photographs, it might be difficult to believe that such a scene existed.

But there is more to Sweden than lavish plains, deep forests and unspoiled national parks with high, snowcapped mountains. A network of roads traces its way through the landscape connecting towns, communities and villages. The orderliness of it all is the feature first noticed by visitors. Cleanliness has always been a virtue and it is to be hoped that future generations will appreciate the importance of a good, clean environment. Of course also Sweden has its blemishes, and many areas have had to accept a high degree of pollution and wear. But minds are awakening; a motto exhorting people to "Keep Sweden Clean" has gradually influenced people's habits. Who wants to be confronted with smelly rubbish or bird-killing oil when savouring the delights of a remote island in the archipelago?

First-time visitors to Sweden perhaps land at Arlanda, the international airport close to Stockholm, or one of the ferry points on the south or west coast. Their welfare is in good hands, and the tourist authorities are ready to tell them all about the sights. Having done Stockholm and seen the Royal Palace, the popular outdoor museum called Skansen, the unique warship Wasa which was lifted from the sea-bed, and delighted the palate at Operakällaren's smörgåsbord, it might be worth acquainting oneself with our art and culture. Stockholm, Gothenburg and Malmö, as well as the provincial towns, have well-stocked museums which show our development from a poor agrarian society to a wealthy and prosperous industrialised country exporting large quantities of manufactured goods to the countries of the world.

Children and grandchildren of Swedish emigrants have plenty of opportunities to study this remarkable wave of migration, richly documented by the author Vilhelm Moberg. The migratory movement of the 1800s had a profound influence on the shaping of the USA, and special collections of objects connected with the movement have been arranged in Växjö and Kalmar.

But let's not overlook the theatre. The Royal Dramatic Theatre in Stockholm achieved world fame for its production of Eugene O'Neill's works and a number of Ingmar Bergman's productions. The Royal Theatre, popularly known as The Opera, is the cradle of many internationally famous artistes, including Birgit Nilsson. The cultural life of summer Stockholm also includes productions at The Drottningholm Theatre, the only authentic 18th centry stage in the world. A performance in this Gustavian setting with brilliant artistes and wigged pages on the stage is a memory for life.

But of course, culture is not the prerogative of Stockholm and the other major towns. The colourful province of Dalecarlia offers seasonal attractions such as popular comedies and groups of country dance musicans which are difficult to match. Sounds of summer Sweden float above these thousands of enthusiastic men and women. It is there that you can hear a sound that draws its vitality and strength from generations of musicians who have pulsed with the urge to make music. It was fashioned in simple primitive instruments, was regenerated and multiplied, tempered and augmented for the pleasure of successive generations.

Fortunately, the genuine folk-music is still with us. We have a peculiar kind of folk-music and it is gratifying to see the genuine thing thriving despite the onslaught of industrialised entertainment.

Luckily there is no need to understand the structure of the music – it is sufficient simply to surrender oneself to the warm inviting sounds and watch the young people in colourful local dress dance themselves dizzy.

Folk-music serves as a link and guide between past and present. Sweden to today has a rightful place in the world, and contact with other countries is a condition of our continued prosperity.

But without listening to the voices of thousands of fiddles on a warm and balmy summer night it is difficult to get close to the heart of Sweden and understand the country.

Just a small country in the north; eight million people. But rich in memories as well as hopes for the future. Perhaps our hopes for tomorrow can be sensed in the lilting music of the country fiddler?

Schweden

Viele Wege führen nach Schweden. Die moderne Reiseindustrie hält über die ganze Welt ihre fliegenden oder schwimmenden Teppiche bereit, um Besucher in unser Land im hohen Norden zu bringen.

Eine Reihe historischer Umstände und eine genau so umständliche wie schwererklärliche Mythenbildung hat Schweden – was den ausgesprochenen Touristenanreiz anbelangt – nur zweitrangig eingestuft. Wir können uns kaum mit den grossen Kulturländern messen, unsere wenig voraussehenden Vorfahren sind irgendwie nicht dazugekommen so zu bauen, dass wir heute dreisternige Denkmäler und Ruinen aus vergangenen Zeiten vorzuweisen hätten.

Dieser Mangel soll aber keinen von einer Reise nach Schweden abschrecken. Man muss nur ganz leicht ein wenig an der Oberfläche kratzen und schon wird es offenbar, dass Schweden Attraktionen ersten Ranges zu bieten hat. Vielleicht nicht alle vergleichbar mit prickelndem Champagner. Wer sich aber durch einen echten schwedischen „Smörgåsbord" mit all den vielen Platten unter Befolgung des dazugehörigen Rituals durchgegessen hat, wird sicher immer wieder gern daran zurückdenken. Dies aber nur kurz als ein kleiner Vorgeschmack.

Aus Tradition geben sich die Schweden einer avancierten Naturanbetung hin. Einerseits indem wir das ganze Jahr lang den Sommer besingen. Die meisten schwedischen Lieder und Weisen beschreiben diejenigen Tage des Jahres, an denen sich Tiefdruckausläufer über dem Lande verdichten, bis sie schliesslich als kalter Regen herunterkommen. Dazu muss ich aber gleich sagen, dass diese Regentage von wunderbar sonnigen Perioden überbrückt werden. Und wenn über Schweden die Sonne lacht – ja dann ist es das schönste und herrlichste Land auf der Erde.

Die schon erwähnte Naturanbetung kommt auch in mehr avancierter Form vor. Das Baden in der Natur gehört dazu. Zu behaupten, dass dies unbekleidet geschieht, ist aber ein Ammenmärchen. Das schwedische Volk gibt jährlich Millionen für Badekreationen aus und wer dessen nüchterne Einstellung zum Wert des Geldes kennt versteht auch, dass man zur Schau trägt, was man gekauft hat.

Die stille Wehmut in Schweden wird oft übersehen und doch hat sie kaum ihresgleichen anderswo. Sie kann jederzeit und überall zu Tage kommen und sich auf eigentümliche Art äussern.

Oft im Zusammenhang mit Naturphänomenen, gern verknüpft mit den grossen Festen des Jahres. Wie die übrige Welt feiern auch wir die traditionellen kirchlichen Feste wie Weihnachten, Ostern, Pfingsten und einige mehr. Darüber hinaus machen wir Schweden aber sehr viel Wesen um die Sommersonnenwende. (Vgl. Shakespeares „Ein Sommernachtstraum").

Dieses Fest markiert, dass der Sommer nun wirklich da ist, man schmückt sich mit Blumenkränzen und tanzt die Nacht hindurch um die Maibäume. Der berühmte „Smörgåsbord" ist gedeckt, die ersten Frühkartoffeln sind gekocht und Heringe auf alle erdenkliche Art zubereitet werden mit grossen „Klaren" hinuntergespült. Frohes Lachen klingt durch die Nacht, in der es nicht dunkel wird. Die berühmte Mitternachtssonne wandert über das Himmelszelt, niemand braucht sich vor der Dunkelheit zu ängstigen oder sich durch sie stören zu lassen.

Die Nacht ist hell, man isst, tanzt und singt. Man möchte vielleicht meinen, dass die ausgelassene Lebenslust gerade da am meisten triumphiert. Aber genau hier kommt wieder die Wehmut ins Bild. Worin diese Wehmut besteht kann wohl kaum jemand beschreiben, sie ist aber da, genau so augenfällig wie der Maibaum, die liebliche Musik der Mittsommernacht und die tanzenden Nebelschwaden über den Wiesen. So kühl und proper geschäftsmässig wir uns tagsüber geben, so wehmütig sind wir in der hellen Sommernacht.

Wir wollen jedoch nicht weiter gerade in diesen Charakterzug vordringen, der für die Umwelt so schwer erklärlich ist. Wer in unser Land kommt soll überall mit offenen Armen empfangen werden. Von Schonens fruchtbarer Landschaft bis zur blauen Bergwelt in Lappland gibt es Gemüt und wärmende Freundlichkeit. Scharen von Besuchern können bezeugen, dass man ihnen mit offenen Armen entgegenkam. Man kann mit Recht von Gastfreundschaft sprechen, sogar von Gastfreundschaft im Übermass.

Hier sollte aber betont werden, dass diese Gastfreundschaft nicht laut und wortreich dargebracht wird, eher schon still und zaghaft.

Vor einigen Jahrzehnten behauptete ein internationales Blatt, dass „schwedische Mädchen mit offenem Mund küssen". Hier muss aber ein besuchender Reporter vom Ehrgeiz besessen gewesen sein, die „Schwedenmädchen" zu „entlarven". Die Frage, wie sie wirklich küssen, findet vermutlich von Fall zu Fall ihre Antwort . . .

Und damit haben wir uns einem empfindlichen Kapitel genähert. Die „schwedische Sünde" wird seit langer Zeit in aller Welt mit Aufmerksamkeit verfolgt. Je höher die Augenbrauen derer rutschen, die gerade neue Berichte gelesen bzw.

Filme gesehen haben, desto grösser ist hierzulande das Erstaunen. Denn die „schwedische Sünde" wird von der ausländischen Presse arg übertrieben. Weil in Wirklichkeit die sogenannte Sünde in Schweden keine Traditionen hat. Uns fehlen die Verlockungen der grossen Welt. Las Vegas hat keine Filiale in Schweden. Die Pariser Galanterie gibts in Paris.

Es gibt aber doch wohl in aller Welt Menschen, denen hier echte und aufrichtige Wärme entgegengebracht worden ist. Die hellen Sommernächte sind zu Zeugen hochkarätiger Zärtlichkeit und Liebe geworden. Und diese Liebe ist nicht nur hier Ansässigen vorbehalten – wir können im wahrsten Sinne des Wortes die ganze Welt an unser Herz drücken.

Im Ausland stellt man uns oft die Frage, wann Schweden am schönsten ist. Sie lässt sich einfach nicht beantworten. Ein fliehender Augenblick im Sonnenaufgang kann genau so atemberaubend sein wie eine sternenglitzernde Winternacht. Wer verstummt nicht vor dem Tosen des Sturmes und der Wogen an der wunderschönen schwedischen Westküste? Oder stellen wir uns den Eisgang an einem Tag im März oder April vor, wenn die schäumenden Wirbel die Eisdecke eines Stroms in Norrland zum Bersten bringen.

Man könnte unzählige Beispiele anführen. Auf jeden Fall wage ich zu behaupten, dass – wann immer man nach Schweden kommt – es stets etwas Schönes zu sehen und ins Herz zu schliessen gibt. Vielleicht das saftige Grün im Frühling und Vorsommer. Viele stehen verblüfft vor der von der Natur gemalten Palette. Beginnen wir im Süden in der Landschaft Schonen, wo die Buchenwälder im Frühling unbeschreiblich schön sind und deren junges Laub so zart, dass ein Vergleich mit der ersten Verliebtheit naheliegt.

Wenn man dann auf schnellen Flügeln weiterfliegt begegnet man der grünen Symphonie der grossen, dunklen Wälder, einem Farbenklang, der vielleicht an die schwedische Gemütsart erinnert. Stilles Wandern durch tiefen, schwedischen Urwald lässt die Sinne erwachen – hier findet man etwas Reines und Seltenes – das echte Schweden.

Die Blumenwiesen zu Mittsommer, die duftenden Kleeweiden – in unseren Liedern oft besungen – haben ein anderes Grün. Sie sind voller Vitalität, bieten satte, duftreiche Sensualität, eine erdnahe Dimension. Es war im schwedischen Sommerland, wo unser grosser Botaniker Carl von Linné Können und Inspiration für sein einzigartiges Sexualsystem holte, das bis heute Richtschnur für die Botaniker in aller Welt ist.

Wir fliegen weiter nach Lappland und entdecken Gold – die moosgrünen Moore bestreut mit Multbeeren und deren Blüten. Und am Fuss der Berge prunken Birkenwälder in einem anderen Grün. Hier und da gibt es auch noch Schneeflecken, wie um uns an den Wechsel der Jahreszeiten zu erinnern.

Im Norden von Schweden liegt Europas letzte unberührte Wildnis, ein Naturgebiet, das an Grossartigkeit nicht seinesgleichen hat. Unberührte Gewässer mit trinkbarem Wasser, unberührte Flora und Fauna weitab von den Umweltgiften der Zivilisation. Hierher kommen Menschen die die Stille der Natur suchen. Und sie werden nicht enttäuscht. Die Eindrücke sind beinahe betäubend und die Chancen, Grosswild zu sehen, gut. Elche und Rentiere, Füchse und Hasen durchstreifen die Wildnis, in Bächen und Flüssen schnellen Lachse und andere Edelfische.

Wer das Glück hat, in der Wildnis zu sein, wenn die Herbstwinde einsetzen, wird seinen Augen nicht glauben wollen. Das frischgrüne Chlorophyll hat sich verwandelt und die Farben wechseln nun vom klarsten Gelb bis zum intensivsten Zinnober. Der Anblick wäre ganz unwirklich wenn man ihn nicht im Bilde festhalten könnte.

Schweden ist aber nicht nur fruchtbare Ebene, tiefe Wälder und unberührter Nationalpark mit hohen, schneebedeckten Bergen. Ein Wegnetz schlängelt sich durch die Landschaft und verbindet Städte und Dörfer. Besuchern fällt meistens gleich die Reinlichkeit auf. Diese ist immer eine Tugend gewesen und es ist zu hoffen, dass sich auch kommende Generationen der Umweltprobleme annehmen werden. Natürlich hat auch Schweden seine Schönheitsfehler und viele Gegenden sind stark verschmutzt und überbelastet. Man wacht aber langsam auf – eine Devise mit der Mahnung „HALTET SCHWEDEN SAUBER" ist allmählich ins Bewusstsein eingedrungen. Wer will schon auf einer einsamen Insel in jungfräulicher Schärenlandschaft auf stinkenden Unrat oder das Vogelleben bedrohendes Öl stossen?

Wer zum ersten Mal Schweden besucht landet vielleicht auf Arlanda, dem Grossflughafen in der Nähe von Stockholm, oder kommt in einem der Fährenhäfen an der Süd- oder Westküste an. Fürs Wohlergehen ist bestens gesorgt, die Reiseämter informieren über Sehenswürdigkeiten. Wenn man dann in Stockholm das Königsschloss, das volkstümliche Freiluftmuseum Skansen, das einmalige, vom Meeresgrund heraufgeholte

Regalschiff Wasa besucht und seinem Gaumen die Genüsse des im weltberühmten Opernkeller gedeckten grossen „Smörgåsbords" vergönnt hat, liegt es vielleicht nahe, sich für Kunst und Kultur zu interessieren.

Stockholm, Göteborg und Malmö wie auch die Provinzstädte haben in ihren Museen reichhaltige Sammlungen, die die Umwandlung von einem ärmlichen Bauernstaat in ein Industrieland mit bedeutendem Export in alle Welt anschaulich machen.

Kinder und Kindeskinder einstiger Auswanderer haben hier reichlich Gelegenheit, diese merkwürdige Völkerwanderung zu studieren, die ganz besonders der Schriftsteller und Epiker Vilhelm Moberg in seinen Werken dokumentiert hat. In Växjö und Kalmar erinnern Spezialsammlungen an die Emigration im 19. Jahrhundert, die auch für die Vereinigten Staaten von Amerika von Bedeutung war.

Auch die Bühnenkultur soll nicht zu kurz kommen. Stockholm hat sein Königl. Dramatisches Theater, das u.a. durch seine Uraufführungen von Eugene O'Neill-Werken und eine Reihe von Ingmar Berg-

mans Inszenierungen zu Weltruhm gelangt ist. Das Königliche Theater, Operan genannt, war Wiege vieler Weltartisten, wie z.B. Birgit Nilsson. Zu Stockholms sommerlichem Kulturleben gehören auch die Inszenierungen im Drottningholmstheater, der nunmehr einzigen im ursprünglichen Zustand erhaltenen Bühne aus dem 18. Jahrhundert. Eine Vorstellung in diesem gustavianischen Milieu mit Pagen in Perücken und blendender Darstellungskunst auf der Bühne ist eine Erinnerung fürs Leben.

Das Kulturleben ist natürlich nicht nur auf die Haupstadt und die übrigen grösseren Städte konzentriert. Die Landschaft Dalarna bietet in jeder Saison Volkslustspiele und Volksmusiktreffen sondergleichen. Über diesen Scharen von tausenden musizierenden Männern und Frauen schwebt ein Hauch schwedischen Sommers von wundersamer Harmonie.

Dort ist ein Klang, der seine Lebenskraft aus den Traditionen und dem Musikbedürfnis früherer Generationen geschöpft hat, vor Urzeiten auf einfachen Instrumenten geformt, verdoppelt, erweitert und gewachsen zur Freude kommender

Geschlechter.

Und glücklicherweise lebt die echte Volksmusik auch heute noch. In einer Zeit industrialisierter Unterhaltung und Vergnügungen blüht die Liebe zu dieser für Schweden so typischen Musik.

Auch ohne deren Aufbau näher zu kennen kann man sich mit Freude von den warmen, einladenden Klängen hinreissen lassen und der Jugend in farbenprächtigen Volkstrachten beim Tanz zusehen.

Die Volksmusik ist ein Verbindungsglied zwischen einst und heute.

Schweden hat heute einen Platz in der Welt, der Kontakt mit anderen Ländern ist eine Notwendigkeit für unseren weiteren Wohlstand.

Ohne der Musik zuzuhören, die in einer hellen Sommernacht aus tausenden Geigen strömt, fällt es aber schwer, sich Schweden zu nähern und es zu verstehen.

Ein kleines Land im Norden — acht Millionen Menschen. Aber reich, reich an sowohl Erinnerungen wie Erwartungen. Vielleicht bringen die Klänge der Volksmusik etwas von dieser Erwartung und der Hoffnung auf ein Morgen zum Ausdruck.

En rikt blommande strandäng på Hallands Väderö.
A coast meadow on Väderö in Halland in full bloom.
Eine üppig blühende Strandwiese auf Hallands Väderö.

As early as the 11th century Scania was praised for its scenic beauty, churches and buildings by the principal of the cathedral school in Bremen. Traces of Danish and Swedish culture are to be found here, and you need not be particularly interested in architecture to find buildings worth looking at.
1. The Wickman House, Lund,
2. Glimmingehus,
3. The parish-clerk's house,
4. Dag Hammarskjöld's "Backåkra",
5. A street in Simrishamn,
6. A half-timbered house in Simrishamn.

1

2

3

Redan på 1000-talet prisade föreståndaren för domkyrkoskolan i Bremen Skåne för dess skönhet, kyrkor och byggnader. Här finns spår av dansk och svensk kultur, man behöver inte vara speciellt intresserad av arkitektur för att finna sevärdheter.
1. Wickmanska huset, Lund,
2. Glimmingehus,
3. Klockaregården,
4. Dag Hammarskjölds Backåkra,
5. Gata i Simrishamn,
6. Korsvirkeshus, Simrishamn.

4

5

Schon im 11. Jahrhundert pries der
Vorsteher der Domschule in Bremen
die Landschaft Schonen wegen deren
Schönheit, Kirchen und Bauten. Hier
gibt es Spuren dänischer und schwedi-
scher Kultur, auch ohne besonderes In-
teresse für Architektur findet man hier
Sehenswürdigkeiten.
1. Das Wickman-Haus in Lund,
2. Glimmingehus,
3. Der Glöcknerhof,
4. Dag Hammarskjölds Backåkra,
5. Strasse in Simrishamn,
6. Fachwerkhaus, Simrishamn.

6

"Då voro bokarna ljusa, då var ån av
simmande vit ranunkels öar sållad,
ljus sin krona häggen gungade här där
gosse jag vandrat", skrev skalden
Vilhelm Ekelund.

"Veils of light green wore the beeches, the
streamlet luminous with white
ranunculus like isles andante floating.
The chestnut's chandeliers gently swaying
o'er paths I trod when I was young,"
wrote the poet Vilhelm Ekelund.

„Da waren die Buchen hell, da war der
Fluss besät mit schwimmenden Inseln
weisser Ranunkeln, hell seine Krone der
Faulbaum neigte, wo Kind ich war",
schrieb der Dichter Vilhelm Ekelund.

Den skånska sommaren kan bjuda på många fröjder. En stilla stunds meditation på en bänk i hamnen. På havet segelbåtar som väntar på startskottet. Eller sköna bad vid stränder där man sällan besväras av trängsel.

Scania has many summer delights to offer. A moment of meditation on a bench in the harbour. At sea, yachts forming up for the starter's signal. Or a refreshing dip in spots where you are seldom bothered by crowds.

Der Sommer in Schonen hat viel zu bieten. Ein nachdenkliches Stündchen auf einer Bank im Hafen. Segelboote auf der See, die auf den Startschuss warten. Oder Baden an Stränden, die selten überfüllt sind.

Bohusläns stora fiskelägen är en sann
fröjd för ögat. Husen har liksom klamrat
sig fast vid varandra för att klara alla
hårda vindar som sveper in från havet.

The big fishing harbours of Bohuslän de-
light the eye. The houses seem to huddle
together to withstand the heavy winds
which sweep in from the sea.

Die grossen Fischerhäfen in Bohuslän
sind eine Freude fürs Auge. Die Häuser
haben sich irgendwie aneinander geklam-
mert, um den starken Seewinden stand-
halten zu können.

Sveriges västra kust bjuder på många egenartade klippformationer, slipade av årtusendens isar och vågor. Här finns ett rekreationsområde som i sälta och friskhet söker sin like. Th: På långa ställningar torkas fisk som i december förvandlas till lutfisk – en av det svenska julbordets mest uppskattade delikatesser.

Sweden's west coast displays many unique cliff formations, smoothed and polished by thousands of years of ice and sea. There is a recreation area here, matchless in its briny invigorating atmosphere. On the right: Fish beeing dried on long frames to be transformed in December to "lutfisk", one of the most admired delicacies of the Swedish Christmas-dinner table.

Schwedens Westküste weist viele eigenartige Felsengebilde auf, von Eis und Wogen in Tausenden von Jahren geformt. Hier gibt es Erholungsgebiete, die in ihrer Frische und Unberürtheit kaum zu übertreffen sind. Rechts: Auf langen Gerüsten wird Klippfisch getrocknet der in Dezember gelaugt und als „lutfisk" zubereitet, eines der beliebtesten Schwedischen Weihnachtsgerichte ist.

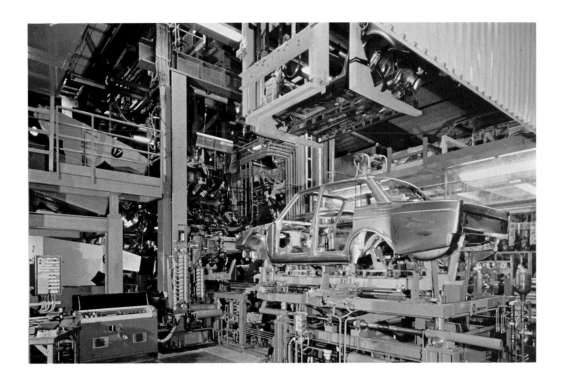

Göteborg är Sveriges andra stad i storlek med betydande industrier, kulturliv och en livsviktig hamn. Den kanske mest kända industriprodukten som tillverkas här är Volvo-bilar som skeppas till länder över hela världen. Stora bilden visar Kungsportsavenyen.

Gothenburg, which is Sweden's second city, has several major industries, a rich cultural life and a vital harbour. Probably the most famous industrial product coming from here is the Volvo car, which finds markets the world over. The large picture shows Kungsportsavenyen.

Göteborg ist Schwedens zweitgrösste Stadt mit bedeutenden Industrien, reichem Kulturleben und einem lebenswichtigen Hafen. Das weitestbekannte Industrieprodukt sind wohl die Volvo-Autos, die in alle Welt exportiert werden. Das grosse Bild zeigt die Kungsports-Avenue.

En anslående vy över Idre fjords glittrande vågor. Naturälskare och seglare njuter av västkustens generösa natur.

An impressive view across the sparkling waves of Idre Fiord. Nature-lovers and sailors enjoy the bountiful scenery of the west coast.

Eine anmutige Aussicht auf die glitzernden Wellen des Idre-Fjords. Naturfreunde und Segler geniessen die Natur.

Föregående uppslag:
I moderna tider som
dessa kan det förefalla
orationellt att färdas
över Sverige i ballong.
Men de sanna entusias-
terna hävdar att det inte
finns något bättre – och
tystare – sätt. Här svävar
man högt över staden
Gränna.

Previous page:
It might seem irrational
to travel across Sweden
by balloon, but the de-
voted enthusiast is con-
vinced that it is the best
and quietest way to do
so. This balloon is float-
ing high over the town of
Gränna.

Vorstehende Seite:
In unserer modernen Ge-
genwart mag eine Bal-
lonfahrt über Schweden
wenig zweckmässig sein.
Wahre Enthusiasten
behaupten aber, es gebe
keine bessere – und stil-
lere – Alternative. Hier
schwebt man hoch über
der Stadt Gränna.

Gammal fin bondetradi-
tion bjuder att man
ordnar slåttergille när
grödan är bärgad.

An old peasant custom
calls for a harvest festi-
val when the crops are
in.

Ein schöner alter
Brauch: Nach Einbrin-
gung des Getreides wird
das Erntedankfest ge-
feiert.

Till den sköna ön Öland kommer man lättast över Europas längsta bro som svävar högt över ett blånande Kalmarsund. För den botaniskt intresserade är ön ett eldorado, en lantlig idyll där man inte får ha brått när korna skall hem på kvällen. På öns södra udde står Långe Jan, Sveriges högsta fyr.

Europe's longest bridge, floating high over the blue water of Kalmarsund, is the easiest way to reach the beautiful island of Öland. For those with an interest in botany, the island is a veritable Eldorado; a rural idyll where calling the cows home in the evening is a leisurely business. "Long John", Sweden's tallest lighthouse, is situated on the southern tip of the island.

Die schöne Insel Öland erreicht man am leichtesten über Europas längste Brücke, die hoch über dem blauen Kalmarsund schwebt. Für Botanikinteressierte ist die Insel ein Eldorado, ein ländliches Idyll, wo man keine Eile haben darf, wenn die Kühe abends von der Weide kommen. Auf der Südspitze steht Schwedens höchster Leuchtturm, der „Lange Jan".

Gotlands mångbesjungna skönhet som rosornas
och vindarnas ö, kringflutet av ett blånande hav,
drar turister och besökare från hela världen. Man
tjusas av den märkliga naturen och imponeras av
historiska minnesmärken, ruiner och andra forn-
lämningar. Bilden visar den mäktiga ringmuren
som omgärdar Visbys medeltida stadskärna.

Gotland, the beautiful island of the winds and roses surrounded by the blue Baltic Sea attracts tourists from all over the world. The visitor is enchanted by the unusual quality of its nature and impressed by its historical monuments, ruins and ancient archeological finds. The picture shows the majestic wall which surrounds the medieval center of Visby.

Nach Gotland, der Insel der Rosen und Winde, kommen Besucher von Nah und Fern. Man lässt sich von der eigenartigen Natur bezaubern und vom deutlich spürbaren Atem der Geschichte beeindrucken. Das Bild zeigt die mächtige Stadtmauer um den mittelalterlichen Kern von Visby.

Till Sveriges stora märkligheter hör Göta kanal, byggd åren 1810–1832 under ledning av Baltzar von Platen. Kanalen och några sjöar gör det möjligt att med båt resa från Stockholm på östkusten till Göteborg på västkusten. Man passerar sammanlagt 58 slussar och färdas genom ett leende och grönskande kulturlandskap.

Göta Canal, constructed between 1810 and 1832 by Baltzar von Platen, is one of Sweden's most notable features. The canal and a few lakes make it possible to travel by boat from Stockholm on the east coast to Gothenburg on the west coast. The journey takes you through 58 locks and some of the most delightful cultivated landscapes in Sweden.

Zu Schwedens grossen Sehenswürdigkeiten gehört der Göta Kanal, 1810–1832 unter der Leitung von Baltzar von Platen angelegt. Der Kanal, mit seinen 58 Schleusen, und einige Seen machen es möglich, per Schiff von Stockholm an der Ostküste nach Göteborg an der Westküste zu reisen. Man fährt durch eine naturschöne Landschaft.

41

Idyllen finns fortfarande
kvar i Sverige. En byväg,
en liten röd stuga. Vem
färdades här senast? En
utvandrarfamilj på väg
till drömlandet på andra
sidan Atlanten? Eller
kanske en sentida ättling
som söker sina rötter?

There is still plenty of
idyllic scenery left in
Sweden. A country road,
a little red cottage. Who
travelled along it last? A
family of emigrants on
their way to the land of
promise across the Atl-
antic? Or perhaps a lat-
terday descendant trac-
ing his origins?

In Schweden gibt es im-
mer noch Idylle – einen
Dorfweg, ein kleines
rotes Häuschen. Wer ist
wohl zuletzt hier gewe-
sen? Eine Emigranten-
familie unterwegs nach
dem Land ihrer Träume
jenseits des Atlantik?
Oder vielleicht ein Heim-
kehrer auf der Suche
nach seinem Ursprung?

43

När man med bil har passerat Jönköping på väg norrut fångas ögat av en rad anslående vyer. Överst till vänster värdshuset Gyllene Uttern med rik förplägnad för vägarnas riddersmän. Där under illuminationer på Visingsö i sjön Vättern. Ön var under 1500- och 1600-talet ett kulturcentrum i ätten Brahes grevskap.

Ovan en talande bild från ett av de tiotusentals vattendrag som lämpar sig för kanotfärder. En rad speciella leder väntar på paddlare. Turförslag finns hos turistorganisationer och kanotcentraler.

Travelling by car through Jönköping on the road north, the eye is caught by a row of impressive views. Above left, the "Golden Otter" inn with rich fare to tempt today's knights of the road. Below, illuminations on Visingsö in Lake Vättern. In the 16th and 17th centuries the island was a cultural centre in the province of the Brahe family.

Above, an expressive picture of one of the many thousands of waterways which are navigable by canoe. A number of special routes are ready and waiting for paddlers. Route suggestions can be obtained from the tourist organisations and canoe centres.

Per Auto in nördlicher Richtung reisend fesselt kurz nach Jönköping eine besonders reizvolle Landschaft den Blick des Besuchers. Oben links der Grossgasthof Gyllene Uttern mit guter Küche für die wandernden Rittersleute von heute. Darunter in Festbeleuchtung die Insel Visingsö im Vätternsee, die im 16.–17. Jahrhundert ein kulturelles Zentrum in der Grafschaft derer von Brahe war.

Oben einer der vielen Flüsse, die besonders für Kanufahrten geeignet sind. Viele Wasserwege warten auf Paddelfreudige. Reiseämter und Paddelvereine geben gern Auskunft.

Ett av de angenämaste sätten att komma till Stockholm är genom den glittrande skärgården. Varje säsong söker sig kryssningsfartygen till kungliga huvudstaden förbi ett myller av öar och skär. Skärgården sträcker sig 60 km ut i havet och räknar mer än 24.000 öar.

One of the pleasantest ways of travelling to Stockholm is through the sparkling archipelago. Each new season sees a procession of passenger cruisers wending their way through the maze of islands and skerries. The archipelago extends 60 kms out to sea and comprises over 24,000 islands.

Es ist ein Erlebnis auf dem Seeweg nach Stockholm zu kommen. In jeder Saison suchen Urlauberschiffe auf Kreuzfahrt ihren Weg an Schären und Inseln vorbei nach der königlichen Hauptstadt. Mehr als 24.000 Schären sind 60 km weit ins Meer hinaus verstreut.

Stockholm

Föregående uppslag:
Visst kan man bada i Stockholms centrum.
Men denna bild skulle ha varit omöjlig att ta
för bara några år sedan. Nu har vattnet
renats till fröjd för gamla och unga vatten-
entusiaster.

Previous page:
Yes, it is possible to bathe in central Stock-
holm. But this picture would have been out
of the question only a few years ago. The
water is now pure and clean to the delight of
young and old water-lovers.

Vorstehende Seite:
Man kann wirklich im Zentrum von Stock-
holm baden! Vor einigen Jahren hätte man
dieses Bild aber noch nicht aufnehmen kön-
nen. Nun hat man das Wasser gereinigt und
alle Badelustigen sind zufrieden.

2

1

1. The quay on Strandvägen
2. The tower of the Town Hall
3. Millesgården
4. The Old Town
5. The ferry to Djurgården
6. The Old Town

3

4

1. Strandvägskajen	1. Der Kai längs Strandvägen
2. Stadshustornet	2. Der Stadthausturm
3. Millesgården	3. Der Milles-Park
4. Gamla stan	4. Die Altstadt
5. Djurgårdsfärjan	5. Die Fähre nach Djurgården
6. Gamla stan	6. Die Altstadt

5

6

Stockholms slott är ett av de naturliga turistmålen i kungliga huvudstaden. Det visas generöst för besökarna, från fest-, gäst- och Bernadottevåningarna till skattkammaren med de svenska riksregalierna. Under turistsäsongen får allmänheten också se Rikssalen och slottskyrkan.

Föregående uppslag:
Vaktavlösning vid Stockholms slott är ett alltid lika uppskattat folknöje och målet för många söndagspromenader.

The Royal Palace in Stockholm is a natural target for tourists. Much of it is open to visitors, some of the features being the gala, reception and Bernadotte suites and the treasury housing the State regalia. Also the throne room and chapel royal are open to the public during the tourist season.

Previous page:
Changing the guard at the Royal Palace always draws the crowds and is often the highlight of a Sunday morning stroll.

Ein gegebenes Touristenziel in Stockholm ist das Königsschloss. Die Besucher werden durch die Festsäle, Gäste- und Bernadottewohnungen sowie in die Schatzkammer mit den schwedischen Reichsregalien geführt. Während der Hauptsaison werden auch der Reichssaal und die Schlosskirche gezeigt.

Vorstehende Seite:
Die Ablösung der Wache vor dem Schloss ist ein beliebtes Volksvergnügen und das Ziel vieler Sonntagsausflügler.

Den oförglömliga bilden från
kungabröllopet i Stockholm
den 19 juni 1976. Kung Carl
XVI Gustaf och hans brud
drottning Silvia har just land-
stigit vid Logårdstrappan efter
en triumfartad bröllopskortege
genom innerstaden. I bakgrun-
den 150 dalaspelmän som hyl-
lade med äktsvenska toner.

An unforgettable picture from
the royal wedding in Stock-
holm 19 June 1976. King Carl
XVI Gustaf and his bride
Queen Silvia have just landed
at Logårdstrappan after their
triumphant procession
through central Stockholm.
In the background 150 musi-
cians from Dalecarlia who
provided genuine Swedish
folk-music.

Ein unvergessliches Bild von
der Königshochzeit in Stock-
holm am 19. Juni 1976. Kö-
nig Carl XVI Gustaf und seine
Braut, Königin Silvia, an der
Logårdstreppe nach einer
bejubelten Hochzeitskortege
durch die Innenstadt. Im Hin-
tergrund 150 Dalamusikan-
ten.

Sveriges kungapar, kung Carl Gustaf och drottning Silvia, i sina respektive arbetsrum på Stockholms slott. Trots alla plikter finns även tid för stärkande friluftsliv.

Sweden's royal couple, King Carl Gustaf and Queen Silvia, in their studies in the Royal Palace. There is also time for invigorating outdoor activities, despite a heavy programme of official duties.

Das schwedische Königspaar, König Carl Gustaf und Königin Silvia, in ihren Arbeitszimmern im Schloss. Trotz aller Pflichten nimmt man sich Zeit für Erholung im Freien.

Ett familjehistoriskt ögonblick. När kung Carl Gustaf
firade sin födelsedag den 30 april 1978, fick en större
allmänhet för första gången se prinsessan Victoria.
Den lilla prinsessan är kungaparets första barn och
kommer enligt nu gällande ordning att en dag bli
Sveriges drottning.

An historical moment for the royal family. The public
at large saw Princess Victoria for the first time when
King Carl Gustaf celebrated his birthday 30 April
1978. The Princess is the royal couple's first-born and
will under the present rules of succession one day be-
come Sweden's queen.

Ein historischer Augenblick. Als König Carl Gustaf am
30. April 1978 seinen Geburtstag feierte sah eine grös-
sere Öffentlichkeit zum ersten Male die kleine Prinzes-
sin Victoria. Als erstgeborenes Kind des Königspaares
wird sie nach jetzt geltendem Gesetz eines Tages Köni-
gin von Schweden werden.

Den kungliga familjen
stortrivs i Drottningholms
slott. Bilden togs julen
1982. Kung Carl Gustaf
och drottning Silvia i
soffan med prinsessan
Madeleine. På golvet
stojar prins Carl Philip och
kronprinsessan Victoria.
Foto: Erhan Güner.

The Royal Family are very
happy at Drottningholm
Palace. In this picture,
taken at Christmas, 1982,
we see King Carl Gustaf
and Queen Silvia sitting
with Princess Madeleine in
the sofa, while Prince
Carl Philip and Crown
Princess Victoria amuse
themselves in the fore-
ground.

Die königliche Familie
fühlt sich im Schloss
Drottningholm ausser-
ordentlich wohl. Das Foto
ist von Weihnachten 1982.
König Carl Gustaf und
Königin Silvia mit
Prinzessin Madeleine im
Sofa. Im Vordergrund
spielen Prinz Carl Philip
und Kronprinzessin
Victoria.

I en värld full av små vänner.
Bilden togs när kung Carl Gustaf
och drottning Silvia var närva-
rande vid ett stödarrangemang
för internationella barnbyar. Efter
föreställningen gick kungaparet
ner på scenen och hälsade på de
medverkande barnen.

A world full of tiny friends. The
picture was taken when King Carl
Gustaf and Queen Silvia attended
an event in aid of international
children's villages. The royal cou-
ple later greeted the participating
children on stage.

In einer Welt mit vielen kleinen
Freunden. König Carl Gustaf und
Königin Silvia besuchten eine
Veranstaltung zur Unterstützung
der internationalen Kinderdörfer.
Nach der Vorstellung ging das
Königspaar auf die Bühne, um die
mitwirkenden Kinder zu begrüssen.

Följande uppslag:
Drottningholms slott på Lovön utanför Stockholm upplever en renässans sedan den kungliga familjen valt lustslottet som permanent bostad. Det uppfördes 1662 – 1686 och har brukats som kunglig säsongsbostad alltsedan dess. Slottet, den närbelägna teatern och den sköna parken drar årligen stora skaror besökare och är ett av Stockholmstraktens populäraste utflyktsmål.

Following page:
Drottningholm Palace on Lovön, an island to the west of Stockholm, has recently become the permanent home of the Royal Family. Built in the 17th century, it has frequently served as the summer residence of Swedish Kings and Queens. The palace, its theatre, the imposing grounds and lovely surroundings attract each year large numbers of visitors.

Nächste Seite:
Schloss Drottningholm auf der Insel Lovön in der Nähe von Stockholm blühte erneut auf, seit die königliche Familie das ehemalige Lustschloss zum festen Wohnsitz wählte. Es wurde in den Jahren 1662 – 1686 erbaut und diente seitdem als königliche Saisonresidenz. Das Schloss, das nahegelegene Theater und der schöne Park locken jährlich grosse Besucherscharen an und gehören zu den beliebtesten Ausflugszielen in der Umgebung von Stockholm.

Stockholms mångbesjungna skärgård är ett vattenlandskap som saknar motstycke i världen. Tjugofyratusen öar binds samman av glittrande fjärdar och sund.

Stockholm's celebrated archipelago is unparalleled anywhere in the world. Twenty-four thousand islands are joined together by glistening waterways.

Die vielbesungenen Stockholmer Schären
sind eine Wasserlandschaft wie man sie sonst
nirgendwo finden kann. 24.000 Inseln,
dazwischen glitzernde Wasserstrassen und
Sunde.

Ett helt liv räcker inte till för att bli väl förtrogen med allt det sköna i skärgården. Det finns ständigt något nytt att upptäcka.

A lifetime is not long enough to discover the full beauty of the archipelago; there is always something new to discover and be delighted by.

Ein ganzes Leben reicht nicht aus um sich mit all dem Schönen in den Schären vertraut zu machen. Man kann immer wieder Neues entdecken.

Vad mer krävs än
en lekande vind i
ett välfyllt segel?

What more can
you ask for than a
playful wind and a
billowing sail?

Was braucht man
mehr als Wind in
schwellenden
Segeln?

Vintern i skärgården har också sin tjusning. Fjärdarna stelnar till is. På stålskodd fot eller medar kan man finna nya vägar. Men de kalla månaderna är ändå bara en väntans tid – det finns en ständig längtan efter vår och sommar.

Winter in the archipelago also has its charm. The channels turn to ice; new routes are discovered and explored on steel-shod feet or runners. But the cold winter months are only a period of waiting – there is a perpetual longing for spring and summer.

In den Schären hat auch der Winter seine Reize. Die Fahrrinnen erstarren zu Eis. Auf Schlittschuhen oder Kufen lassen sich neue Wege finden. Die kalten Monate sind aber doch nur eine Zeit des Wartens – die Sehnsucht nach dem Frühling und Sommer ist ewig.

Till den svenska sommarens ljuva förunderligheter hör den ljusa natten. En spröd stämning, fylld av dofter från nyslaget hö.

The light nights are a strange feature of summer Sweden. A delicate atmosphere, full of the scent of new-mown hay.

Die hellen Nächte des schwedischen Sommers – verzauberte Stimmung – lieblich duftet das frische Heu.

I det sommarfagra Sverige tråds dansen med
liv och lust. På Skansen i Stockholm,
i Dalarna, i Hälsingland. Eller var helst där
livsglädjen blommar ut.

People dance with zest in beautiful summer
Sweden. Anywhere – but especially at Skansen
or in the provinces of Dalecarlia and Hälsing-
land.

Im sommerlichen Schweden wird nach Her-
zenslust getanzt. Auf Skansen in Stockholm, in
Dalarna, in Hälsingland. Oder überall dort wo
man lebensfroh ist.

På väg upp genom Sverige stannar man gärna till
vid Höga kusten, ett skönt landskap där skogs-
klädda berg och odlingar i de djupt skurna dalarna
ger variation åt bilden.

When journeying northwards through Sweden, why
not make a break at Höga kusten. This truly beauti-
ful landscape is enhanced even more by wooded
mountains and crops in the deep valleys.

Auf der Fahrt durch Schweden hält man gern an der
Hohen Küste, deren waldbedeckte Berge und Land-
wirtschaft in den tiefen Tälern einen abwechslungs-
reichen Anblick bieten.

I Lappland finner man kanske de största och mest dramatiska natursscenerierna – glittrande bäckar med drickbart vatten. Och i sjöarna leker öring och röding till glädje och nytta för lokalbefolkningen som utnyttjar sin rätt till nätfiske.

Some of the grandest and most dramatic natural scenery with sparkling brooks and clear water is to be found in Lapland. Trout and char play in the lakes to the joy of the local inhabitants who make full use of their right to fish with nets.

Lappland bietet wohl das grossartigste Landschaftsbild – glitzernde Bäche mit trinkbarem Wasser. Die Seen sind fischreich, zur Freude der Ortsansässigen, die mit Netzen fischen dürfen.

En vindstilla timme i Tärnaby, Västerbotten. Men fjällvädret är oberäkneligt. Som genom ett naturens trollslag kan vindarna riva sönder idyllen och piska upp vattnet till skum.

A calm period in Tärnaby, Västerbotten. But the
weather in the mountains is highly unpredictable.
A wave of Nature's wand and the idyll disappears
and placid waters are whipped to foam.

Windstille in Tärnaby, Västerbotten. Im Gebirge ist
das Wetter jedoch unberechenbar. Wie durch einen
Zauberschlag kann der Wind das Idyll zerreissen
und das Wasser zu Gischt aufpeitschen.

Det svenska fjällområdet är vida berömt. Här finns allt som den friluftsälskande turisten kan önska sig. Men naturen kräver varsamhet och omsorg, blir slitaget för hårt går Europas sista vildmark förlorad.

Följande uppslag:
De mäktiga fjällen i norr kan bjuda vandraren på mycket strapatsrika äventyr. Här krävs kondition och vana – och ödmjukhet.

Swedish mountain scenery enjoys great fame. It offers lovers of the great outdoors everything they can wish for. But Nature must be treated with care and consideration, otherwise Europe's last remaining wilderness could be destroyed and lost forever.

Following page:
Walkers can count on some fatiguing adventures up in the mountains. This is a place for a good physical condition, skill and, not least, humility.

Die schwedische Bergwelt ist weit berühmt, ein Paradies für Naturfreunde. Grösste Vorsicht ist jedoch geboten, denn bei zu harter Beanspruchung besteht die Gefahr, dass dieses letzte Stück Wildnis verlorengeht.

Nächste Seite:
In den mächtigen Bergen im Norden können Wanderer strapazenreiche Abenteuer erleben. Übung und Ausdauer sind vonnöten – und Demütigkeit vor der Grösse der Natur.

Skidsporten har fått en explo-
sionsartad utveckling i Sverige –
inte minst efter världsstjärnan
Ingemar Stenmarks genombrott i
de internationella pisterna. Här
finns gott om backar och snö och
liftarna blir fler och fler.

Skiing has developed extremely
fast in Sweden, particularly after
Ingemar Stenmark's successes in
the big international events. No
shortage of snow and suitable
slopes here; or lifts, for that mat-
ter.

Der Skisport hat sich in Schweden
explosionsartig entwickelt – nicht
zuletzt dank der unglaublichen
Erfolge Ingemar Stenmarks auf
den internationalen Pisten. Hier
gibt es reichlich Schnee und viele
Abfahrten. Die Zahl der Lifte
steigt von Jahr zu Jahr.

Föregående uppslag:
Rennäringen i Sverige har urgamla traditioner. Det är ett skådespel att följa samernas skickliga arbete med de stora hjordarna som kan uppgå till flera tusen djur.

Previous page:
Reindeer breeding is an old tradition in Sweden. The skillful way in which the Lapps work with herds of thousands of animals is a thrilling spectacle.

Vorstehende Seite:
Die Rentierhaltung ist in Schweden eine uralte Tradition. Es ist interessant zu beobachten, wie geschickt die Lappen ihre grossen Herden von oft mehreren tausend Tieren in Schach halten.

Sportfisket är den fritidssyssel-sättning som samlar det största antalet utövare i Sverige. Men så är utsikterna också särskilt gynn-samma. Vi har ungefär 755 mil kust och tiotusentals sjöar och gott om fisk. Hur skulle det inte kännas att få en så grann röding på kroken och sedan tillreda den vid öppen eld?

No leisure pursuit draws a greater number of participants in Sweden than sport fishing. But then, the chances of making a catch worth bragging about are very good. We can offer anglers about 4,550 miles of coast, tens of thousands of lakes and plenty of fish. How about catching a big alpine char and cooking it over an open fire?

Sportfischen ist die am häufigsten ausgeübte Freizeitbeschäftigung. Die Voraussetzungen sind ja aber auch die denkbar günstigsten: eine fast 8000 km lange Küste, zigtausend Seen und reichlich Fisch. Es muss doch schön sein, einen so prächtigen Fisch gefan-gen zu haben und auf offenem Feuer zubereiten zu können?

Det svenska fjällområdet är i det närmaste oändligt för turister och vandrare. Här bjuds man på majestätiska vyer och en välgörande tystnad som brukar ge bullerjagade nutidsmänniskor bestående intryck. Det finns rösade vandringsleder och övernattningsmöjligheter på många håll i fjällvärlden. Och mängder av arrangemang för att göra vistelsen och semestern så angenäm som möjligt. Visst kan en fjällvandring vara ansträngande men utbytet blir angenäma minnen för livet.

As far as tourists and hikers are concerned the Swedish moutain areas are virtually unlimited. They offer majestic views and beneficial silence which usually have a profound and lasting effect on most urbanites. Marked routes and huts for night stopovers are to be found in many parts of the mountains. And there are plenty of activities to help make your holiday as pleasant as possible. Walking in the mountain areas can be strenuous – but in exchange it gives you a pleasant memory for life.

Die schwedische Bergwelt ist für Touristen und Wanderer fast unendlich. Die majestätische Schönheit und eine wohltuende Stille hinterlassen beim sonst lärmgeplagten Gegenwartsmenschen unauslöschliche Sinneseindrücke. Es gibt zahlreiche ausgesteckte Wanderwege und gute Übernachtungsmöglichkeiten. Und viele Arrangements für einen möglichst angenehmen Aufenthalt in den Bergen. So eine Gebirgswanderung kann natürlich Strapazen mit sich führen, die Belohnung bleibt aber nicht aus, denn von solchen Erinnerungen kann man sein Leben lang zehren.

Gruvstaden Kiruna i kvällsbelysning. Här började man bryta högprocentig malm kring sekelskiftet. Kring denna verksamhet växte Sveriges nordligaste och till ytan största stad upp. Här finns förutom de stora gruvanläggningarna ett geofysiskt observatorium.

The mining town of Kiruna by night. High-quality ore has been mined here since the turn of the century, and it was round this industry that Sweden's northernmost and by area largest town grew. In addition to the mining centre Kiruna has a geophysical observatory.

Die Bergbaustadt Kiruna in Abendbeleuchtung. Hier begann man um die Jahrhundertwende das hochhaltige Erz zu fördern und so entstand Schwedens nördlichste und flächenmässig grösste Stadt. Ausser den Bergwerksanlagen gibt es hier auch ein geophysisches Observatorium.

Trygg och säker står han i sin hjord av renar. En same långt uppe i norr. Resultatet av hans arbete blir kanske så småningom en delikatessmåltid på ett restaurangbord hundratals mil från den plats där hjorden nu stångar sig fram. Ett sällsamt skådespel, en upplevelse för den som har turen att få se renhanteringen på nära håll. Det kan bara ske i landet norr om polcirkeln.

He stands confident and secure in his herd of reindeer. The fruits of his labour will perhaps be a delicacy on some restaurant table hundreds of miles from where the herd is now butting its way forward. A really strange spectacle and an unforgettable experience for those who are fortunate enough to witness reindeer herding at close range. It can only happen in the country north of the Arctic Circle.

Ruhig und sicher steht er inmitten seiner Renherde, der Lappe hoch oben im Norden. Was er hier produziert kommt später vielleicht als delikates Gericht auf den Tisch, weit entfernt von der vorwärtsdrängenden Herde. Ein seltsames Schauspiel, ein Erlebnis für jene, die das Glück haben, eine Rentierherde aus nächster Nähe beobachten zu können. Dies ist nur nördlich des Polarkreises möglich.

First published in 1979
Fourth edition 1985
© 1979 Bobby Andström, Bokförlaget Legenda AB
Photos by the Author and
IBL, Ljungbyhed   Hans T. Dahlskog, Pressens Bild
Roland Möllerfors, Stockholm
Charles Hammarsten, Bildaktuellt
Eivon Carlson, Nordkalott-Foto
Sveriges Turistråd, Stockholm
Bild-Service, Göteborg
English translation by William Plumridge
German translation by Herta Stein
Produced by Interpublishing AB, Stockholm
Printed and bound by Henri Proost & Cie
Turnhout, Belgium
ISBN 91 582 0485 7